FACHBUCHREIHE
für wirtschaftliche Bildung

Wirtschaft Recht Beruf

Wirtschaftskunde für berufliche Schulen

Lektorat Jürgen Müller

16. Auflage

VERLAG EUROPA-LEHRMITTEL
Nourney, Vollmer GmbH & Co. KG
Düsselberger Straße 23
42781 Haan-Gruiten

Europa-Nr.: 77215

EUROPA LEHRMITTEL

Autoren:
Felsch, Stefan, Oberstudienrat — Freiburg i. Br.
Frühbauer, Raimund, Oberstudiendirektor — Wangen i. A.
Kurtenbach, Stefan, Studiendirektor — Bad Saulgau
Metzler, Sabrina, Oberstudienrätin — Wangen i. A.
Müller, Jürgen, Studiendirektor — Freiburg i. Br.

Leitung des Arbeitskreises und Lektorat:
Jürgen Müller, Studiendirektor — Freiburg i. Br.

Autoren früherer Auflagen:
Albers, Hans-Jürgen, Prof. Dr., Dipl.-Hdl. — Böbingen/Rems
Eifer, Elke, Studiendirektorin — Schorndorf
Tschaffon, Dieter, Oberstudienrat — Aalen

Für die Arbeit an der 1. bis 15. Auflage dieses Buches dankt der Arbeitskreis Herrn Prof. Dr. Albers, Frau Eifer sowie Herrn Tschaffon.

Ein besonderer Dank gilt Herrn Prof. Dr. Albers für die Leitung des Arbeitskreises von der 1. bis zur 15. Auflage.

16. Auflage 2025

Druck 5 4 3 2 1

Alle Drucke derselben Auflage sind parallel einsetzbar, da sie bis auf die Korrektur von Druckfehlern identisch sind.

ISBN 978-3-7585-7728-4

Bei Fragen zur Produktsicherheit wenden Sie sich bitte an produktsicherheit@europa-lehrmittel.de.

Umschlag, Layout und Satz: tiff.any GmbH & Co. KG, 10999 Berlin
Umschlagkonzept: tiff.any GmbH & Co. KG, 10999 Berlin
Umschlagfoto: © maigi – shutterstock.com
Druck: UAB BALTO print, 08217 Vilnius (LT)

Vorwort

Das vorliegende, aktuelle Lern- und Arbeitsbuch enthält die **wirtschaftlichen und rechtlichen Grundlagen** sowie die für **Ausbildung und Beruf** wichtigen Lerninhalte für Schülerinnen und Schüler beruflicher Schulen. Es enthält die aktuellen Entwicklungen des Wirtschafts-, Rechts- und Arbeitslebens.

Die Auswahl der Themen orientiert sich am Lehrplan für gewerbliche, hauswirtschaftliche und landwirtschaftliche Berufsschulen in Baden-Württemberg. Es ist wegen der weitgehenden Übereinstimmung der Lehrpläne auch für vergleichbare Schulen in anderen Bundesländern sehr gut geeignet.

Das Buch richtet sich an:

- **Schülerinnen und Schüler sowie Lehrerinnen und Lehrer an gewerblichen, hauswirtschaftlichen und landwirtschaftlichen Berufsschulen**
- **Schülerinnen und Schüler sowie Lehrerinnen und Lehrer gewerblicher, hauswirtschaftlicher und landwirtschaftlicher Berufsfachschulen**

Das Buch besitzt eine besonders **lehr- und lernfreundliche Struktur**. Es basiert auf einer modernen, handlungs- und kompetenzorientierten Konzeption:

- Jedem Thema ist zumeist eine **Doppelseite** gewidmet; umfangreichere Abschnitte werden auf vier Seiten abgehandelt.
- Für jede Lerneinheit wird zu Beginn in einer „Kompetenzbox" die bei den Schülerinnen und Schülern angestrebte Kompetenz sowohl inhaltlich als auch hinsichtlich der Anspruchshöhe angegeben.
- Die Sachverhalte sind durch **Bilder, Übersichten, Tabellen, Grafiken, Zeitungsausschnitte und Auszüge aus Gesetzestexten anschaulich und lebensnah** dargestellt.
- Am Ende eines jeden Abschnitts fordern **vertiefende Aufgaben** noch einmal zur Auseinandersetzung mit dem jeweiligen Stoff auf.
- Jedes Kapitel schließt mit einer **Zusammenfassung**, die die wesentlichen Inhalte in geraffter und übersichtlicher Form darstellt.
- Die Regelungen für **digitale Produkte im Kaufrecht** sind zusammenfassend in **„6 Anhang"** dargestellt.
- Ein **ausführliches Inhaltsverzeichnis** und ein besonders **umfassendes Stichwortverzeichnis** erleichtern das zielgerichtete Nachschlagen.
- Am Ende des Buches finden sich kapitelübergreifende **Prüfungsaufgaben aus den Abschlussprüfungen vergangener Jahre der Berufsschulen** in Baden-Württemberg.

Dieses Buch wird für alle drei Ausbildungsjahre durch die **dreibändige Lern- und Arbeitsbuchreihe „Wirtschaftskompetenz – Lernsituationen"** ergänzt. Die insgesamt **44 Lernsituationen** der Lern- und Arbeitsbücher bieten somit die Möglichkeit zur konkreten **Anwendung der im Informationsband entwickelten fachsystematischen Grundlagen**. Durch ein entsprechendes **Symbol in den drei Jahresbänden** hat die Leserin/der Leser den konkreten Verweis auf die entsprechenden Kapitel im Informationsband. Die Lern- und Arbeitsbuchreihe ist erhältlich unter den **Europa-Nummern 47229, 47250 und 47274**.

Ihre Rückmeldung ist uns wichtig: Für Verbesserungsvorschläge sind Verlag und Autoren stets dankbar. Schreiben Sie uns unter **lektorat@europa-lehrmittel.de**.

Frühjahr 2025 *Die Autoren*

0

1

© Ralf Kalytta – Fotolia.com

Der Mitarbeiter in der Arbeitswelt

LS

1.1 Duale Berufsausbildung

Die **duale Berufsausbildung charakterisieren, beschreiben** und **bewerten.**

Die Arbeitswelt befindet sich in einem ständigen Veränderungsprozess. Dadurch ist auch die berufliche Bildung gefordert. Jedes Jahr entstehen neue Ausbildungsberufe. Bestehende Ausbildungsberufe werden neu geordnet und so den Anforderungen der Wirtschaft angepasst. Jugendliche unter 18 Jahren dürfen grundsätzlich nur in staatlich anerkannten Ausbildungsberufen ausgebildet werden.

Die berufliche Erstausbildung kann dual oder vollschulisch erfolgen.

© Monkey Business – Fotolia.com

© Robert Kneschke – Fotolia.com

Die meisten Berufsausbildungen werden **dual** durchgeführt, d.h. durch das Zusammenwirken von **Ausbildungsbetrieb** und **Berufsschule**.

Das nachfolgende Schaubild zeigt die **Aufgabenverteilung**:

Ausbildungsbetrieb
vermittelt schwerpunktmäßig **fachpraktische Fertigkeiten** und **Kenntnisse**

Partnerschaftliche Zusammenarbeit

Berufsschule
vermittelt schwerpunktmäßig **Fachtheorie** und vertieft die **Allgemeinbildung**

Grundlage für die **betriebliche Ausbildung** sind das **Berufsbildungsgesetz (BBiG)** sowie die **Handwerksordnung (HwO)** im Bereich des Handwerks

Grundlage für die **schulische Ausbildung** ist das **Schulgesetz** des jeweiligen Bundeslandes

Ausbildungsordnung

Für jeden der ca. 330 Ausbildungsberufe gibt es eine **Ausbildungsordnung (AO)**, die vom Bundeswirtschaftsministerium – nach Abstimmung mit dem Bundesbildungsministerium – erlassen wird. Der Ausbildungsberuf ist damit staatlich anerkannt.

Lehrpläne/ Bildungspläne

Auf Vorschlag des **Kultusministeriums** erlässt die Regierung des jeweiligen Bundeslandes die **Lehrpläne/Bildungspläne** für den fachtheoretischen und allgemeinbildenden Unterricht.

BBiG §5

Berufsbildungsgesetz

§5 [Ausbildungsordnung]
(1) Die Ausbildungsordnung hat festzulegen
1. die Bezeichnung des Ausbildungsberufes, ...
2. die Ausbildungsdauer ...,
3. die beruflichen Fertigkeiten, Kenntnisse und Fähigkeiten, die mindestens Gegenstand der Berufsausbildung sind (Ausbildungsberufsbild),

...

5. die Prüfungsanforderungen.

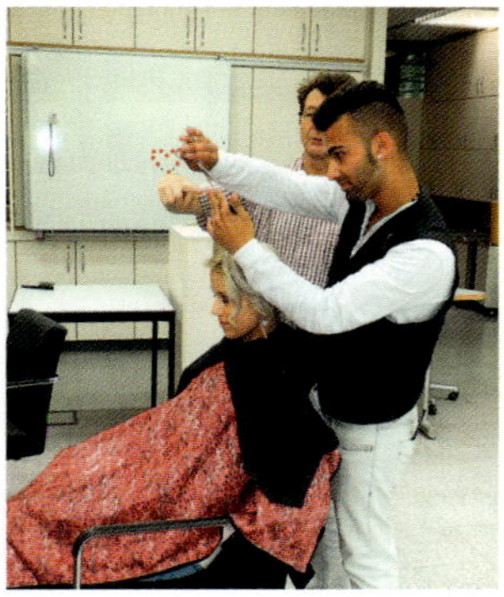

Ausbildungsberufsbild

Auszug aus der Verordnung über die Berufsausbildung zum Friseur/zur Friseurin

Ausbildungsberufsbild
Gemeinsame berufsprofilgebende Fertigkeiten, Kenntnisse und Fähigkeiten:

Friseur-Dienstleistungen:
- Pflegen des Haares und der Kopfhaut,
- Haarschneiden,
- Gestalten von Frisuren,
- Farbverändernde Haarbehandlungen

Marketing:
- Werbung, Präsentation und Preisgestaltung

Ca. 1½ Tage je Woche befindet sich der Auszubildende in der Berufsschule. Der Berufsschulunterricht kann auch „im Block" organisiert sein. Bei **Blockunterricht** befinden sich Auszubildende für mehrere Wochen ausschließlich in der Berufsschule.

Duale Berufsausbildung	
Vorteile	**Nachteile**
Mix zwischen vertiefter Theorie und Praxiserfahrungen.	Unterschiedliche Ausstattung und Ausrichtung von Betrieben.
Auszubildende haben laufend Berührungen mit technischen Neuerungen. Ausbildung ist aktuell.	Abstimmung von Ausbildungsinhalten in Fachtheorie und praktischer Ausbildung ist schwierig.
Durch regelmäßigen Wechsel zwischen Betrieb und Berufsschule ist die Ausbildung abwechslungsreicher.	Ausbildungsplatzangebote der Betriebe unterliegen der Konjunkturabhängigkeit.

Aufgaben

1 Ein Auszubildender fordert die Abschaffung der allgemeinbildenden Unterrichtsfächer. Nennen Sie 2 Argumente für das Beibehalten dieser Fächer.

2 Rund 330 Ausbildungsberufe sind staatlich anerkannt.
a) Was ist unter einem staatlich anerkannten Ausbildungsberuf zu verstehen?
b) Welche Bedeutung hat die staatliche Anerkennung für die Auszubildenden und für die Betriebe?

3 Machen Sie Vorschläge, wie eine partnerschaftliche Zusammenarbeit zwischen Ausbildungsbetrieb und Berufsschule aussehen könnte.

1.2 Ausbildungsvertrag

Der Ausbildungsvertrag ist wie der Arbeitsvertrag aushandelbar. Den Ausgestaltungsmöglichkeiten des Vertrages hat der Gesetzgeber jedoch enge Grenzen gesetzt.

Abschluss und Inhalt eines Ausbildungsvertrages beschreiben.

1.2.1 Abschluss und Inhalt eines Ausbildungsvertrages

Vor Beginn einer Berufsausbildung muss zwischen dem Ausbildenden (Ausbildungsbetrieb) und dem Auszubildenden ein Berufsausbildungsvertrag geschlossen werden. Bei Vertragsabschluss mit einem Minderjährigen ist die Zustimmung des gesetzlichen Vertreters (Eltern oder Vormund) notwendig.

Überlegen und notieren Sie:

Welche Vertragsinhalte haben Sie mit Ihrem Ausbildungsbetrieb vereinbart?

Nach § 11 Berufsbildungsgesetz hat der Ausbildende den Vertrag noch **vor Beginn der Ausbildung** schriftlich niederzulegen. Der Vertrag muss mindestens beinhalten:

Mindestinhalte des Ausbildungsvertrages

- Art, sachliche und zeitliche Gliederung sowie Ziel der Berufsausbildung.
- Beginn und Dauer der Berufsausbildung.
- Dauer der regelmäßigen täglichen Ausbildungszeit.
- Ausbildungsmaßnahmen außerhalb der Ausbildungsstätte.
- Dauer der Probezeit.
- Dauer des Urlaubs.
- Bedingungen für die Kündigung.
- Hinweis auf anzuwendende Tarifverträge und Betriebsvereinbarungen.
- Zahlung und Höhe der Vergütung.

Der Vertragsinhalt ist weitgehend durch Gesetze (BBiG, HwO, Jugendarbeitsschutzgesetz) und zusätzlich oft durch Tarifvertrag (z. B. Höhe der Vergütung) vorbestimmt. Eine davon abweichende Vereinbarung ist nur möglich, wenn sie zum Vorteil des Auszubildenden ist.

JArbSchG §§ 1, 8 und 15

Jugendarbeitsschutzgesetz (JArbSchG)

§ 1 [Geltungsbereich]
(1) Dieses Gesetz gilt … für die Beschäftigung von Personen, die noch nicht 18 Jahre alt sind. …

§ 8 [Dauer der Arbeitszeit]
(1) Jugendliche dürfen nicht mehr als acht Stunden täglich und nicht mehr als 40 Stunden wöchentlich beschäftigt werden. …

§ 15 [Fünf-Tage-Woche]
Jugendliche dürfen nur an fünf Tagen in der Woche beschäftigt werden. Die beiden wöchentlichen Ruhetage sollen nach Möglichkeit aufeinander folgen.

Berufsausbildungsvertrag

Online-Formular

Berufsausbildungsvertrag
(§§ 10, 11 des Berufsbildungsgesetzes – BBiG)

AUSFERTIGUNG FÜR **AUSBILDENDE**
BLATT 2 / SEITE 1 VON 4

Zwischen dem Ausbildenden (Ausbildungsbetrieb) und der/dem Auszubildenden wird nachstehender Berufsausbildungsvertrag zur Ausbildung im Ausbildungsberuf

(wenn einschlägig, bitte einschließlich Fachrichtung, Schwerpunkt, Wahlqualifikation(en) und/oder Einsatzgebiet nach der Ausbildungsordnung bezeichnen)

nach Maßgabe der Ausbildungsordnung[1] geschlossen.

Zuständige Berufsschule

☐ Die Berufsausbildung wird im Rahmen eines ausbildungsintegrierenden dualen Studiums absolviert.

Das Berufsausbildungsverhältnis

beginnt am ______ und endet am:[8] ______

Probezeit

Die Probezeit beträgt in Monaten[9]

☐ einen ☐ zwei ☐ drei ☐ vier

§ 2 – siehe S. 3 des Berufsausbildungsvertrages

§ 3 – Ausbildungsstätte

Die Ausbildung findet vorbehaltlich der Regelungen nach § 4 Nr. 12 dieses Vertrages in

Name/Anschrift der Ausbildungsstätte

und den mit dem Betriebssitz für die Ausbildung üblicherweise zusammenhängenden Bau-, Montage- und sonstigen Arbeitsstellen statt.

☐ Das Ausbildungsverhältnis fällt nicht in den Geltungsbereich eines gültigen Tarifvertrages.

Der Ausbildende zahlt der/dem Auszubildenden eine angemessene Vergütung; diese beträgt zurzeit monatlich brutto

EUR				
im	ersten	zweiten	dritten	vierten

Ausbildungsjahr.

☐ Die Vergütung setzt sich aus verschiedenen Bestandteilen zusammen, die dem Vertrag als Anlage beigefügt werden.

Überstunden[10]

Überstunden werden ☐ besonders vergütet. ☐ besonders vergütet **oder** in Freizeit ausgeglichen. ☐ in Freizeit ausgeglichen. ☐ besonders vergütet **und** in Freizeit ausgeglichen.

§ 7 – Ausbildungszeit, Anrechnung und Urlaub

Tägliche und wöchentliche Ausbildungszeit[11]

Die regelmäßige tägliche Ausbildungszeit beträgt ______ Stunden.[12]

Die durchschnittliche wöchentliche Ausbildungszeit beträgt ______ Stunden.

Berufsbildungsgesetz (BBiG)

BBiG § 20

§ 20 [Probezeit]
Das Berufsausbildungsverhältnis beginnt mit der Probezeit. Sie muss mindestens einen Monat und darf höchstens vier Monate betragen.

Aufgaben

1 Welche Bedeutung hat die Probezeit für den Ausbildenden und den Auszubildenden?

2 Jasmin (16 J.) will Friseurin werden. Ihr gefällt der Umgang mit Menschen. Sie hat sich bei einem Friseurmeister vorgestellt und gleich mündlich einen Ausbildungsvertrag abgeschlossen. Noch wissen ihre Eltern nichts davon.

a) Beurteilen Sie, ob bei Jasmin ein gültiger Ausbildungsvertrag zustande gekommen ist.

b) Im Ausbildungsvertragsmuster wird bei Vertragsabschluss auch die Probezeitdauer und die regelmäßige Ausbildungszeit bestimmt. Welche Zeiteintragungen sind bei Jasmin maximal möglich (siehe auch 1.3.1 Jugendarbeitsschutz)?

1.2.2 Rechte und Pflichten der Vertragspartner

Rechte und **Pflichten** der **Vertragspartner** sowie die **Möglichkeiten** zur **Beendigung** von **Ausbildungsverhältnissen beschreiben.**

Vertragspflichten		Vertragspflichten
Ausbildender	**Ausbildungsvertrag**	**Auszubildender**
Vermittlung der Fertigkeiten und Kenntnisse, die der Auszubildende benötigt, um das Ausbildungsziel zu erreichen.	1. …	Notwendige Fertigkeiten und Kenntnisse erwerben.
Auszubildende für Berufsschule und überbetriebliche Lehrwerkstätte freistellen.	2. …	Berufsschule besuchen.
Nur Arbeiten übertragen, die dem Ausbildungszweck dienen.	3. …	Weisungen der Vorgesetzten befolgen.
Gesundheit des Auszubildenden schützen.	4. …	Aufgetragene Arbeiten sorgfältig ausführen.
Ausbildungsvergütung bezahlen.	5. …	Über Betriebs- und Geschäftsgeheimnisse Stillschweigen bewahren.
Selbst ausbilden oder einen geeigneten Ausbilder damit beauftragen.	6. …	Werkzeuge, Maschinen und sonstige Einrichtungen pfleglich behandeln.
Charakterliche Förderung des Auszubildenden.	7. …	Soweit in der Ausbildungsordnung das Führen von Berichtsheften (Ausbildungsnachweisen) vorgeschrieben ist, müssen diese ordnungsgemäß geführt und vorgelegt werden.
Kostenlose Bereitstellung der Ausbildungs- und Prüfungsmittel.	8. …	Betriebsordnung beachten.
Zeugnis ausstellen.	9. …	

1.2.3 Beendigung eines Ausbildungsverhältnisses

Überlegen Sie:

Wann endet Ihr Ausbildungsverhältnis?

Das Berufsausbildungsverhältnis endet mit dem Ablauf der Ausbildungszeit. Besteht der Auszubildende vor Ablauf der Ausbildungszeit die Abschlussprüfung, so endet das Berufsausbildungsverhältnis mit Bestehen der Abschlussprüfung. In Baden-Württemberg führen das Kultusministerium und die Kammern den schriftlichen Teil der Prüfung gemeinsam an der Berufsschule durch. Die abschließende praktische Prüfung erfolgt vor einem Prüfungsausschuss der zuständigen Kammer. Bei bestandener Prüfung erhält der Auszubildende zwei Zeugnisse: das **Berufsschulabschlusszeugnis** und den **Facharbeiter- bzw. Gesellenbrief.** Besteht der Auszubildende die Abschlussprüfung nicht, so verlängert sich das Berufsausbildungsverhältnis auf sein Verlangen bis zur nächstmöglichen Wiederholungsprüfung, höchstens um ein Jahr.

Berufsbildungsgesetz (BBiG)

§ 8 [Verkürzung oder Verlängerung der Ausbildungsdauer]
(1) Auf gemeinsamen Antrag der Auszubildenden und der Ausbildenden hat die zuständige Stelle die Ausbildungsdauer zu kürzen, wenn zu erwarten ist, dass das Ausbildungsziel in der gekürzten Zeit erreicht wird.
(2) In Ausnahmefällen kann die zuständige Stelle auf Antrag Auszubildender die Ausbildungsdauer verlängern, wenn die Verlängerung erforderlich ist, um das Ausbildungsziel zu erreichen. …

BBiG § 8

Kündigung

Kündigung

Das Ausbildungsverhältnis kann auch vorzeitig durch schriftliche Kündigung beendet werden.

Kündigung eines Ausbildungsverhältnisses		
Während der Probezeit	Fristlos	Ohne Angaben von Gründen
Nach Ablauf der Probezeit	Fristlos	Nur bei einem wichtigen Grund wie Diebstahl, Tätlichkeit, Sittlichkeitsvergehen möglich. Die Kündigung gilt jedoch nur, wenn sie innerhalb von zwei Wochen nach Bekanntwerden des Grundes erfolgt.
	Mit vierwöchiger Kündigungsfrist	Nur für den Auszubildenden aus zwei Gründen möglich: ▪ Aufgabe der Berufsausbildung ▪ Wechsel des Ausbildungsberufes

Beispiel für eine Kündigung

Kündigung Aalen, den …………

Sehr geehrter Herr …,
die Ausbildung zum Fachlageristen macht mir keinen Spaß mehr. Ich habe festgestellt, dass mir handwerkliche Tätigkeiten mehr liegen. Aus diesem Grund habe ich vor, eine Schreinerlehre zu beginnen. Daher kündige ich den Ausbildungsvertrag unter Einhaltung der vierwöchigen Kündigungsfrist zum …

Ich hoffe, Sie haben für meine Entscheidung Verständnis.

Mit freundlichen Grüßen
Steffen Wanner

Aufgaben

1 Nennen Sie 5 Rechte eines Auszubildenden.

2 Steffen ist im 10. Monat des 1. Ausbildungsjahres zum Fachlageristen. Die Ausbildung macht ihm immer weniger Spaß. Als sich ihm die Möglichkeit bietet, eine Ausbildung als Schreiner zu beginnen, kündigt er (siehe obiges Schreiben). Prüfen und begründen Sie, ob die Kündigung rechtswirksam ist.

3 Nennen Sie 2 Voraussetzungen für eine Verkürzung der Ausbildungsdauer.

1.3 Arbeitsschutzvorschriften

Den **betrieblichen Arbeitsplatz** hinsichtlich der **Schutzvorschriften** zu **Jugendarbeit, Arbeitszeit, Urlaub, Mutterschutz** und **Erziehende analysieren.**

Arbeitnehmer haben ein Recht darauf, am Arbeitsplatz vor gesundheitlichen Gefahren geschützt zu sein. Die Vergangenheit hat gezeigt, dass die Vertragsfreiheit von Arbeitgeber und Arbeitnehmer den notwendigen Arbeitnehmerschutz nicht gewährleisten konnte. Der Staat – und in wachsendem Maße auch die Europäische Union – haben hier regulierend eingegriffen.

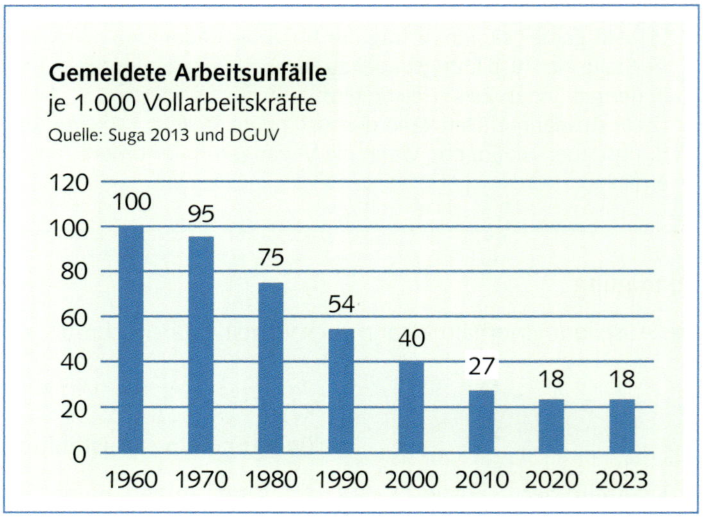

Die Durchführung und Überwachung der staatlichen Arbeitsschutzvorschriften obliegt den **Gewerbeaufsichtsämtern**. Die Einhaltung der Unfallverhütungsvorschriften der **Berufsgenossenschaften** wird durch deren technische Aufsichtsdienste überwacht. Verstöße gegen diese Schutzvorschriften können zu Geldbußen bis zu 30.000 € oder in schwerwiegenden Fällen zu einer Freiheitsstrafe bis zu einem Jahr führen.

1.3.1 Jugendarbeitsschutz

Jugendliche zählen aufgrund ihrer Unerfahrenheit sowie wegen ihrer noch nicht beendeten körperlichen, geistigen und charakterlichen Reifung zu den gefährdeten Personengruppen, die durch gesetzliche Vorschriften besonders geschützt werden müssen. Für die Beschäftigung von Jugendlichen gilt das **Jugendarbeitsschutzgesetz** (JArbSchG).

Schutzbestimmungen nach dem JArbSchG

Schutzbestimmungen

Beschäftigungsalter	Die Beschäftigung von Kindern (Personen unter 15 Jahren) ist verboten. Ausnahme: Berufsausbildungsverhältnisse, Betriebspraktikum.	
Arbeitszeit	▪ Nicht mehr als 8 Stunden täglich, nicht mehr als 40 Stunden wöchentlich. ▪ Nicht mehr als 5 Tage in der Woche. ▪ Berufsschultage sind grundsätzlich Arbeitstage. ▪ Keine Beschäftigung an Berufsschultagen mit mehr als 5 Unterrichtsstunden einmal in der Woche. ▪ Bei Blockunterricht an 5 Tagen sind für betriebliche Ausbildungsveranstaltungen 2 Stunden pro Woche zulässig.	Abweichungen sind aufgrund eines Tarifvertrages möglich.
Ruhepausen	Bei einer Arbeitszeit von ▪ mehr als 4 ½ bis 6 Stunden: 30 Minuten Pause ▪ mehr als 6 Stunden: 60 Minuten Pause Als Ruhepause gilt nur eine Arbeitsunterbrechung von mindestens 15 Minuten.	

Nachtruhe	Keine Beschäftigung zwischen 20:00 Uhr und 06:00 Uhr. Aber Ausnahmen für den Bereich des Gaststättengewerbes, in Mehrschichtbetrieben, in der Landwirtschaft, in Bäckereien und Konditoreien u. a.
Samstag/ Sonntag/ Feiertag	Grundsätzlich ist keine Beschäftigung erlaubt. Aber Ausnahmen für Betriebe mit Samstags-/Sonntagsarbeit. Die 5-Tage-Woche muss aber gewährleistet werden.
Urlaub	Jugendliche, die **zu Beginn eines Jahres** noch ▪ nicht 16 Jahre alt sind, erhalten 30 Werktage ▪ nicht 17 Jahre alt sind, erhalten 27 Werktage ▪ nicht 18 Jahre alt sind, erhalten 25 Werktage
Gefährliche Arbeiten/ Akkordarbeit	Diese Arbeiten sind grundsätzlich verboten. Aber Ausnahmen, wenn diese Arbeiten zur Erreichung des Ausbildungsziels erforderlich sind.
Ärztliche Untersuchung	Jugendliche dürfen nicht beschäftigt werden, wenn sie nicht zuvor ärztlich untersucht wurden **(Erstuntersuchung)**. Vor Ablauf des ersten Beschäftigungsjahres muss eine **Nachuntersuchung** stattgefunden haben.

Aufgaben

1 Warum benötigen Jugendliche einen besonderen Schutz bei der Arbeit?

2 Begründen Sie, ob Berufsschüler in den Betrieb müssten, wenn der Nachmittagsunterricht ausfallen würde.

3 Prüfen Sie die nachstehenden Fallbeispiele!

Inga – Die Auszubildende Inga (16 Jahre alt) besucht einmal in der Woche die Berufsschule. Der Berufsschulunterricht beginnt um 07:50 Uhr und endet um 15:30 Uhr. Da es zum Ausbildungsbetrieb nicht sehr weit ist, verlangt der Chef, dass sie am Berufsschultag nach Unterrichtsschluss noch eine Stunde arbeitet.

Ulrich – Der 17-jährige Auszubildende Ulrich möchte die Mittagspause im Betrieb von 45 auf 30 Minuten verkürzen. Dadurch ergäbe sich am Feierabend eine günstigere Busverbindung, bei der er sich eine 50minütige Wartezeit ersparen würde. Ulrich hat noch eine Pause von 15 Minuten am Morgen.

Stefan (17 Jahre) – In Stefans Ausbildungsbetrieb fällt für etwa drei Wochen erhebliche Mehrarbeit an. Stefan wäre bereit, für eine gute Bezahlung in dieser Zeit täglich ein bis zwei Überstunden zu machen.

Ulrich und Stefan – Die Auszubildenden Ulrich und Stefan sind befreundet. Ihre Geburtstage feiern sie immer gemeinsam, da Ulrich am 31.12. und Stefan am 02.01. geboren ist. Aus Anlass ihres 17. Geburtstages wollen sie ihren gesamten Jahresurlaub für eine gemeinsame Wandertour durch Deutschland verwenden. Überrascht stellen sie fest, dass ihnen unterschiedlich viele Urlaubstage zustehen.

a) Wie ist die Rechtslage im Fallbeispiel Inga?

b) Begründen Sie, ob Inga in den Betrieb müsste, wenn der Nachmittagsunterricht ausfallen würde.

c) Wie ist die Rechtslage im Fallbeispiel Ulrich?

d) Wie ist die Rechtslage im Fallbeispiel Stefan, wenn Stefan damit neun bis zehn Stunden je Tag arbeiten würde?

e) Über wie viele Urlaubstage kann Ulrich, über wie viele kann Stefan verfügen (Fallbeispiel Ulrich und Stefan)?

1.3.2 Arbeitszeit

Die Arbeitsschutzbestimmungen sollen die Arbeitskraft des Arbeitnehmers vor übermäßiger Ausnutzung schützen und ihm im Interesse seiner Menschenwürde und der Entfaltung seiner Persönlichkeit Raum für Freizeit und Muße geben. Wichtige Bestimmungen finden sich dazu im Arbeitszeitgesetz.

Regelungen nach dem Arbeitszeitgesetz

Arbeitszeit

- **Arbeitszeit:** Nicht mehr als 8 Stunden täglich. Ausnahme: Verlängerung unter bestimmten Bedingungen möglich.

ArbZG §§ 3 und 7

Arbeitszeitgesetz (ArbZG)

§ 3 [Arbeitszeit der Arbeitnehmer]
Die werktägliche Arbeitszeit der Arbeitnehmer darf acht Stunden nicht überschreiten. Sie kann auf bis zu zehn Stunden nur verlängert werden, wenn innerhalb von sechs Kalendermonaten oder innerhalb von 24 Wochen im Durchschnitt acht Stunden werktäglich nicht überschritten werden.

§ 7 [Abweichende Regelungen]
(1) In einem Tarifvertrag oder auf Grund eines Tarifvertrags in einer Betriebs- oder Dienstvereinbarung kann zugelassen werden, …
a) die Arbeitszeit über zehn Stunden werktäglich zu verlängern, …
b) einen anderen Ausgleichszeitraum festzulegen, …

Nach einer Studie der **Europäischen Stiftung zur Verbesserung der Lebens- und Arbeitsbedingungen (Eurofound)** sind gesundheitliche Beschwerden umso ausgeprägter, je länger die wöchentliche Arbeitszeit ist.

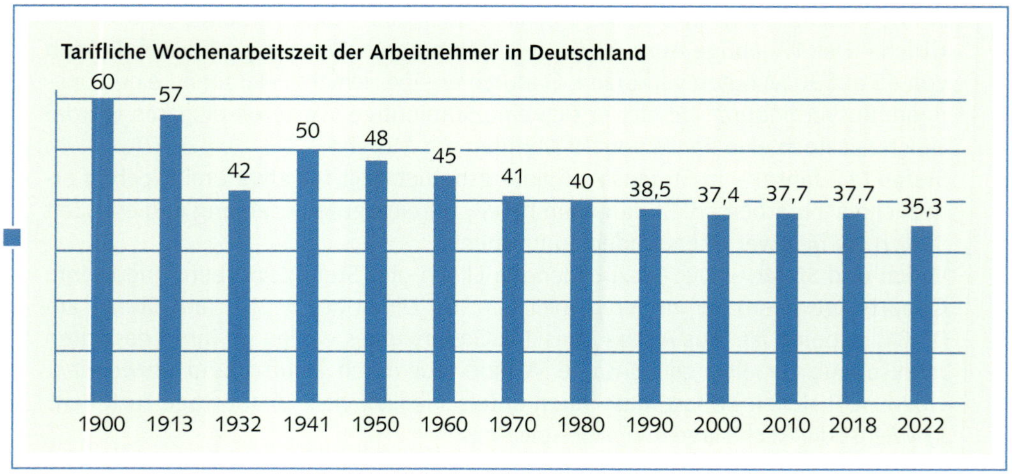

Ruhepausen

- **Ruhepausen**
  Mind. 30 Min. bei einer Arbeitszeit von 6 bis 9 Stunden.
  Mind. 45 Min. bei einer Arbeitszeit von mehr als 9 Stunden.
  Als Pause gilt eine Zeitunterbrechung ab 15 Minuten.

Ruhezeit

- **Ruhezeit**
  Mind. 11 zusammenhängende Stunden nach Arbeitsende.

- **Sonn- und Feiertage**
  Keine Beschäftigung. (Ausnahmen u. a. für Mehrschichtbetriebe, Gastronomiebetriebe, Feuerwehr, Krankenhäuser)

Sonn- und Feiertagsruhe

1.3.3 Urlaub

Gesetzlicher Mindesturlaub

Urlaub soll Arbeitnehmern ermöglichen, sich zu erholen. Der Anspruch des Arbeitnehmers auf bezahlten Urlaub ist im **Mindesturlaubsgesetz für Arbeitnehmer (Bundesurlaubsgesetz – BUrlG)** geregelt. Der gesetzliche Mindesturlaub muss als Freizeit genommen werden und darf nicht ausbezahlt werden.

Bei der zeitlichen Festlegung des Urlaubs sind die Urlaubswünsche des Arbeitnehmers zu berücksichtigen, sofern diese nicht den Urlaubswünschen anderer Arbeitnehmer, die aus sozialen Gründen Vorrang genießen, entgegenstehen. Auch dringende betriebliche Belange können die Ablehnung eines Urlaubswunsches rechtfertigen. Grundsätzlich ist der Urlaub zusammenhängend zu gewähren. Bei einer Aufteilung muss einer der Urlaubsteile mindestens zwei Wochen umfassen.

BUrlG §§ 2, 3 und 15

Mindesturlaubsgesetz für Arbeitnehmer (Bundesurlaubsgesetz – BUrlG)

§ 2 [Geltungsbereich]
Arbeitnehmer im Sinne des Gesetzes sind Arbeiter und Angestellte sowie die zu ihrer Berufsausbildung Beschäftigten. …
§ 3 [Dauer des Urlaubs]
(1) Der Urlaub beträgt jährlich mindestens 24 Werktage.
(2) Als Werktage gelten alle Kalendertage, die nicht Sonn- oder … Feiertage sind.
§ 15 [Änderung und Aufhebung von Gesetzen]
(1) Unberührt bleiben die urlaubsrechtlichen Bestimmungen des … Jugendarbeitsschutzgesetzes. …

Wartezeit

In den ersten sechs Monaten eines Beschäftigungsverhältnisses erhält der Arbeitnehmer pro vollem Monat 1/12 des Jahresurlaubs. Erst nach Ablauf der **Wartezeit** von 6 Monaten wird der volle Urlaubsanspruch erworben. Im Kalenderjahr nicht genommener Urlaub darf in das nächste Jahr übertragen werden, muss aber bis zum 31. März gewährt und genommen worden sein, danach verfällt er.

Das BurlG stellt im Bereich der Urlaubsdauer für viele Arbeitnehmer nicht die Grundlage für den Jahresurlaub dar, weil Tarifverträge und Einzelarbeitsverträge oft für Arbeitnehmer günstigere Regelungen vorsehen. Die den gesetzlichen Mindesturlaub überschreitenden Urlaubstage dürfen ausbezahlt werden.

Aufgaben

1. Mitteilung der Geschäftsführung: „ …Aufgrund der Verschlechterung der Wettbewerbsposition unseres Unternehmens hat die Geschäftsführung beschlossen, die tägliche Arbeitszeit der Arbeitnehmer auf 9 Arbeitsstunden zu erhöhen.“
   a) Sind die Arbeitnehmer verpflichtet, diese Stunden zu leisten? Begründen Sie.
   b) Warum lässt der Gesetzgeber abweichende Regelungen nur auf Grund eines Tarifvertrages zu?
2. Die Bundesvereinigung der Dt. Arbeitgeberverbände (BDA) fordert den 8-Std-Tag abzuschaffen. Statt der Obergrenze von 8 Stunden sollte das Gesetz nur noch eine Obergrenze für die Wochenarbeitszeit enthalten. Nehmen Sie dazu Stellung.
3. Wie hoch ist der Mindesturlaubsanspruch in Arbeitstagen?

1.3.4 Mutterschutz

Mutterschutz

Das **Mutterschutzgesetz** gilt für alle Frauen, die in einem Arbeitsverhältnis stehen. Es findet auch Anwendung auf weibliche Auszubildende, Praktikantinnen, weibliche Anlernlinge und Arbeitnehmerinnen, die in einem Teilzeit-, Probe- oder Aushilfsarbeitsverhältnis stehen.

GG Art. 6

Grundgesetz (GG)

Art. 6 [Ehe und Familie]
(1) Ehe und Familie stehen unter dem besonderen Schutz der staatlichen Ordnung.
(4) Jede Mutter hat Anspruch auf den Schutz und die Fürsorge der Gemeinschaft.

Diese besondere Wertschätzung der Familie beruht darauf, dass sie nach Ansicht des Verfassungsgebers das ideale Umfeld für das Heranwachsen von Kindern ist, ohne die auf Dauer keine staatliche Gemeinschaft existieren kann. Die Bedeutung der Ehe liegt darin, dass sie als „Keimzelle des Staates" Vorstufe zur Familie ist.

In der Familie sollen Kinder zu freiheits- und demokratiefähigen Erwachsenen erzogen und befähigt werden. Gesellschaft und freiheitliche Demokratie brauchen ein Gerüst gemeinsamer Überzeugungen. Diese Voraussetzungen kann nur die Familie schaffen.

Aufgaben des Mutterschutzes

Schutz des werdenden Kindes und der Mutter vor Gesundheitsschädigungen am Arbeitsplatz.	Soziale Absicherung der Mutter. Keine beruflichen Nachteile durch Schwangerschaft und Kinderpflege.

Regelungen nach dem Mutterschutzgesetz

Werdende Mütter:

- Werdende Mütter sollen dem Arbeitgeber (Personalleiterin, Filialleiter usw.) ihre Schwangerschaft mitteilen, sobald ihnen ihr Zustand bekannt ist.
- Auf Verlangen des Arbeitgebers: Vorlage eines ärztlichen Attests oder eines Attests einer Hebamme über die bestehende Schwangerschaft und über den mutmaßlichen Tag der Entbindung.

Arbeitgeber:

- Unterrichtung des Gewerbeaufsichtsamtes.
- Arbeitsplatz und Arbeitsablauf müssen so gestaltet werden, dass sie der Gesundheit der werdenden Mutter nicht abträglich sind.
- Keine Beschäftigung sechs Wochen vor der Entbindung.
  Ausnahme: Weiterbeschäftigung auf ihren ausdrücklichen Wunsch, der aber jederzeit widerruflich ist.
- Keine Beschäftigung in den ersten acht Wochen nach der Entbindung (zwölf Wochen bei Mehrlingsgeburten).
- Die Kündigung während der Schwangerschaft und bis zum Ablauf von vier Monaten nach der Entbindung ist unzulässig.

Mutterschutzgesetz (MuSchG)

§ 17 [Kündigungsverbot]
(1) Die Kündigung … ist unzulässig
…,
wenn dem Arbeitgeber zum Zeitpunkt der Kündigung die Schwangerschaft … oder Entbindung bekannt ist oder wenn sie ihm innerhalb zwei Wochen nach Zugang der Kündigung mitgeteilt wird. Das Überschreiten dieser Frist ist unschädlich, wenn die Überschreitung auf einem von der Frau nicht zu vertretenden Grund beruht und die Mitteilung unverzüglich nachgeholt wird. …

MuSchG § 17

1.3.5 Schutz von Erziehenden

© Foto d. Autoren

Der Schutz soll dazu beitragen, dass sich die Eltern in der für die spätere Entwicklung entscheidenden Lebensphase eines Kindes intensiv der Betreuung und Erziehung des Kindes widmen können.

Regelungen des Bundeselterngeld- und Elternzeitgesetzes:

Elterngeld

Elterngeld

Für Eltern mit einem bestimmten maximalen Einkommen besteht die Möglichkeit, zwischen **Basiselterngeld** und – **ElterngeldPlus** zu wählen oder beides zu kombinieren.

Basiselterngeld

- Das **Basiselterngeld**, ca. 65 % des bisherigen Nettoeinkommens – mind. 300 €, max. 1800 €, erhalten berufstätige Mütter oder Väter, wenn sie ihr Kind für 1 Jahr zu Hause betreuen. Das Mindestelterngeld von 300 € erhalten alle, die nach der Geburt ihr Kind selbst betreuen und höchstens 30 Stunden/Woche arbeiten. Bleibt auch der zweite Elternteil mind. 2 Monate zu Hause, verlängert sich die Bezugsfrist auf 14 Monate.

ElterngeldPlus

- Das **ElterngeldPlus** ist für Eltern gedacht, die 30 Std/Wo. arbeiten wollen. Jeden Monat wird nur die Hälfte des Elterngeldes ausgezahlt, dafür aber doppelt so lange. Für Eltern, die parallel für 4 Monate jeweils 25–30 Std/Wo. arbeiten, gibt es einen Partnerschaftsbonus von 4 zusätzlichen ElterngeldPlus-Monaten.

Elternzeit

Elternzeit

Beide Elternteile können gleichzeitig bis zu 3 Jahre Elternzeit in Anspruch nehmen. Elternzeit gibt es in Teil- oder Vollzeitform. Während der Elternzeit ist Teilzeit bis zu 32 Std/Wo möglich. Anspruch auf Elternzeit besteht bis zur Vollendung des 3. Lj. des Kindes.

Mütter und Väter können 24 Monate Elternzeit auf den Zeitraum zwischen dem dritten Geburtstag und der Vollendung des achten Lebensjahres des Kindes übertragen.

Während der Elternzeit besteht Kündigungsschutz.

Aufgaben

1 Inga kommt häufig zu spät zur Arbeit und wurde deswegen bereits abgemahnt. Als sie erneut zu spät kommt, wird ihr fristlos gekündigt. Wie ist die Rechtslage,
   a) wenn Ingas Arbeitgeber bekannt ist, dass sie schwanger ist?
   b) wenn Inga erst 3 Wochen nach der Kündigung durch ihren Arzt erfährt, dass sie bereits seit 4 Wochen schwanger ist?

2 Warum schützt und fördert der Staat Erziehende?

3 Welche Gründe könnte es für eine Übertragung von Elternzeit auf die Zeit zwischen dem dritten und achten Lebensjahr geben?

1.4 Einzelarbeitsvertrag

1.4.1 Anbahnung eines Arbeitsvertrages

Anbahnung eines **Arbeitsvertrages erarbeiten.**

> **Überlegen Sie:**
>
> Wie gehen Sie vor, wenn Sie eine neue Arbeitsstelle benötigen?

Grundlage für jedes Beschäftigungsverhältnis ist ein entsprechender Vertrag zwischen Arbeitgeber und Arbeitnehmer, der **Arbeitsvertrag**, bei dem sich ein Vertragspartner zur Leistung von körperlicher oder geistiger Arbeit verpflichtet, der andere Vertragspartner zur Zahlung einer Vergütung. Kennzeichen ist die Leistung von abhängiger, weisungsgebundener Arbeit in einem fremden Betrieb.

Arbeitsplatzsuche

Arbeitsplatzsuche

Um einen Arbeitsvertrag abschließen zu können, muss der Arbeitnehmer zunächst einen Arbeitsplatz finden. Dafür stehen verschiedene Möglichkeiten zur Verfügung, z. B. Stellenausschreibungen/-gesuche in Zeitungen oder im Internet. Alle Stellenausschreibungen durch Arbeitgeber müssen laut Gesetz geschlechtsneutral erfolgen und dürfen auch aus anderen Gründen niemanden benachteiligen.

> Für unseren Kundendienst suchen
> wir eine(n) qualifizierte(n) flexible(n)
>
> **Mechatroniker m/w/d**
>
> Bewerbungen richten Sie bitte an:
>
> **Kraft GmbH**
> Königstraße 5
> 76543 Musterstadt

Bewerbungsschreiben

Bewerbungsschreiben

Grundlage vieler Einstellungsgespräche ist das Bewerbungsschreiben des Arbeitnehmers. Er sollte deshalb darauf achten, dass das Schreiben alle dazugehörigen Unterlagen enthält, wie z. B. Zeugniskopien der beruflichen Bildung (höchste erreichte Qualifikation), Arbeitszeugnis des bisherigen/letzten Arbeitgebers usw. Aufmachung und Ausführung sollten beim Arbeitgeber einen guten Eindruck hervorrufen. Aus Bewerbungsschreiben und Lebenslauf schließen die Arbeitgeber auf Fähigkeiten und Charakter des Bewerbers. Das Gleiche gilt für das Verhalten und das Auftreten beim Bewerbungsgespräch.

Bewerbungsgespräch

Bewerbungsgespräch

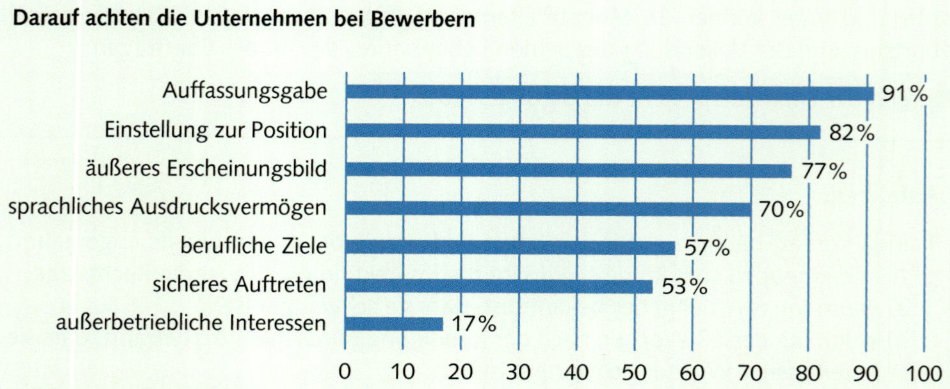

Quelle: *Institut der deutschen Wirtschaft Köln*

Bereits in der Phase der Einstellungsverhandlungen müssen Arbeitgeber und Bewerber bestimmte Verpflichtungen einhalten.

Pflichten der Vertragspartner im Bewerbungsverfahren	
Arbeitgeber	**Arbeitnehmer**
■ Vorstellungskosten ersetzen (falls eine Einladung durch den Arbeitgeber vorliegt und er die Kostenübernahme nicht ausdrücklich ausschließt) ■ Unterrichtung über besondere Belastungen/Anforderungen, z. B. überdurchschnittliche gesundheitliche Belastungen am angebotenen Arbeitsplatz ■ Sorgfalt mit den Bewerbungsunterlagen (bei Nichteinstellung Rückgabe an den Bewerber) ■ Vernichtung des Personalfragebogens bei Nichteinstellung (Datenschutz)	■ wahrheitsgemäße Beantwortung von begründeten Fragen (unzulässige Fragen müssen nicht beantwortet werden) ■ Mitteilung, ob und welche Vertragsbedingungen von seiner Seite aus nicht erfüllbar sind

Zulässige Fragen	
Gesichtspunkte	**Erläuterungen**
Berufliche und fachliche Fähigkeiten	Z. B. nach dem beruflichen Werdegang und nach Zeugnisnoten.
Gesundheitszustand	Sofern ein berechtigtes Interesse besteht (z. B. dauerhafte oder akute Krankheiten, soweit sie für den Arbeitsplatz von Bedeutung sind).
Lohn- oder Gehaltspfändung	Betroffen sind aktuelle Pfändungen.
Vorstrafen	Sofern sie für die künftige Tätigkeit bedeutsam sind (z. B. bei einem Kassierer wegen Eigentums- oder Vermögensdelikten).
Schwerbehinderung	Falls bestimmte Fertigkeiten/geistige Fähigkeiten entscheidend für die Arbeit sind.

Unzulässige Fragen	
Gesichtspunkte	**Erläuterungen**
Eheschließung	Frage nach der Eheschließung in absehbarer Zeit
Schwangerschaft	Würde zu Benachteiligungen für Frauen führen.
Gewerkschafts-, Partei- oder Religionszugehörigkeit	Die Einstellung darf nicht vom Austritt aus einer Gewerkschaft abhängig gemacht werden.
Sexual-medizinischer Bereich	Frage nach Geschlechtskrankheiten usw.
Vermögensverhältnisse	Frage nach Grundbesitz, Geldkapital usw.

Der Bewerber/die Bewerberin braucht von sich aus nicht anzugeben: eine **Behinderung** (Ausnahmen ggf. bei Schwerbehinderung) oder eine **Schwangerschaft**, solange er/sie die Anforderungen an den Arbeitsplatz erfüllen kann, die **bisherige Vergütung** und **Vorstrafen**.

Abschluss, Form und Inhalt eines Arbeitsvertrags erarbeiten.

1.4.2 Abschluss eines Arbeitsvertrages

Einigen sich Arbeitgeber und Bewerber hinsichtlich der Bedingungen für das Beschäftigungsverhältnis (übereinstimmende Willenserklärungen), so kommt der Arbeitsvertrag zustande. Bewerber dürfen bei der Auswahl durch den Arbeitgeber aufgrund des **Allgemeinen Gleichbehandlungsgesetzes nicht diskriminiert** werden. Die Vertragspartner müssen voll geschäftsfähig sein. Minderjährige benötigen die Zustimmung des gesetzlichen Vertreters. Der Arbeitnehmer muss folgende Arbeitspapiere bzw. Informationen liefern:

- Geburtsdatum/steuerliche Identifikationsnummer (Der Arbeitgeber kann damit die Elektronischen LohnSteuerAbzugsMerkmale (ELStAM) bei der Finanzverwaltung abfragen.),
- Sozialversicherungsausweis,
- Bescheinigung über den im laufenden Kalenderjahr bereits erhaltenen Urlaub,
- eventuell Unterlagen für vermögenswirksame Leistungen.

1.4.3 Form und Inhalt eines Arbeitsvertrages

Vertragsmuster

Arbeitsvertrag für Arbeitnehmer/innen (Auszug)

Zwischen … (Arbeitgeber) und … (Arbeitnehmer/in) wird folgender Arbeitsvertrag geschlossen:

§ 1 Vertragsbeginn/Aufgabengebiet
Herr/Frau ______________ wird ab __.__.____ (Datum) als ____________________ eingestellt. Sein/Ihr Aufgabengebiet in unserem Werk ________ umfasst folgende Tätigkeiten: ______________________________ ________________ …

§ 2 Probezeit
Die ersten 3 Monate des Arbeitsverhältnisses gelten als Probezeit. Während dieser Zeit können beide Vertragsparteien das Arbeitsverhältnis mit einer Frist von 2 Wochen kündigen.

§ 3 Arbeitszeit
Die regelmäßige tägliche Arbeitszeit ohne Pausen beträgt werktäglich _____ Stunden, wöchentlich _____ Stunden. Im Übrigen regeln sich Arbeitszeit und Pausen nach den gesetzlichen Bestimmungen und betrieblichen Verhältnissen.

§ 4 Vergütung
Herr/Frau ______________ erhält einen Stundenlohn von ________ € brutto.
Die Vergütung wird monatlich zum __. des Monats ausbezahlt.

§ 5 Urlaub
Der im Kalenderjahr zu gewährende Erholungsurlaub beträgt _____ Arbeitstage. Im Übrigen gelten für den Urlaubsanspruch die gültigen gesetzlichen Regelungen …

§ 6 Arbeitsverhinderung
Der Arbeitnehmer/die Arbeitnehmerin verpflichtet sich, jede Arbeitsverhinderung und deren voraussichtliche Dauer unverzüglich der Firma mitzuteilen. Liegt eine krankheitsbedingte Arbeitsunfähigkeit vor, so muss spätestens am dritten Arbeitstag nach Beginn der Arbeitsunfähigkeit eine Bescheinigung des behandelnden Arztes über die voraussichtliche Dauer der Arbeitsunfähigkeit vorgelegt werden.

§ 7 Beendigung des Arbeitsverhältnisses
Das Arbeitsverhältnis ist auf unbestimmte Zeit geschlossen. Das Vertragsverhältnis kann von beiden Vertragspartnern unter Einhaltung der gesetzlichen Kündigungsfristen gekündigt werden.

§ 8 Schweigepflicht
Herr/Frau _____________ verpflichtet sich, über alle geschäftlichen Angelegenheiten Stillschweigen zu bewahren. Dies gilt auch nach Beendigung des Vertragsverhältnisses.

§ 9 Schlussbestimmungen
Änderungen und Ergänzungen des Vertrages bedürfen der Schriftform.
Die Betriebsvereinbarungen des Unternehmens sind Bestandteil dieses Vertrags.

________________	________________	________________
(Ort, Datum)	Arbeitgeber	Arbeitnehmer/in